AF320897

LAFEUILLADE

ARTISTE LYRIQUE

(1799-1872)

PAR

Achille MONTEL.

MONTPELLIER

TYPOGRAPHIE ET LITHOGRAPHIE DE BOEHM ET FILS

PLACE DE L'OBSERVATOIRE

1872

(Extrait du journal **La Répnblique**, 21 août 1872.)

LAFEUILLADE

(1799-1872)

Le département de l'Hérault a produit toute
une brillante phalange de chanteurs illustres,
dont il suffit de citer quelques noms pour qu'on
puisse en apprécier l'importance : c'est tout
d'abord, et au-dessus de toute comparaison,
Adolphe Nourrit, le roi du chant ; puis, mais à
différents degrés, Louis Nourrit, son père ; Ga-
veau, qui compte aussi parmi les compositeurs;
la séduisante Mme Pradher, Gavaudan, Massol,
Serda, Laborde, Euzet, etc. Ainsi, pendant près
d'un siècle, nos compatriotes ont régné à l'Opéra
et à l'Opéra-Comique, et, pendant tout ce temps
aussi, leurs succès ont été l'honneur et la réputation de notre scène française.

Il convient d'autant mieux de fixer les souvenirs que l'on en a encore, comme je me propose
de le faire, que, de toutes les gloires, la plus
fugitive, la plus incertaine, est incontestable-
ment celle du chanteur. Elle s'évanouit aussi
vite que les impressions qui la firent naître. Il
reste des preuves, plus ou moins durables, du
talent, du génie des autres artistes, — pein-

tres, sculpteurs, poëtes, musiciens même ; — il ne reste rien du chant, pour si sublime, pour si inspiré qu'il ait été. On dirait qu'il n'a des ailes que pour mieux disparaître. Que reste-t-il, je ne dirai pas des grandes actrices des opéras de Gluck, puisqu'il est convenu qu'elles appartiennent déjà à l'histoire ancienne, mais seulement de la Malibran, de la Pasta, de Julia Grisi?

Que restera-t-il bientôt de la Patti, de Miolan-Carvalho, de Christine Nilsson, de Galli-Marié, de ces resplendissantes et harmonieuses incarnations des plus pures, des plus divines pensées de la poésie? Quelques souvenirs amis, bien vagues, qui n'iront pas au-delà de quelques années.

Lafeuillade, mort depuis peu parmi nous, mérite, par la réputation qu'il s'acquit et son existence d'aventures, d'être compris dans le nombre de ces chanteurs de grande race.

Il naquit au Pouget, canton de Gignac, le 3 brumaire an VIII (25 octobre 1799). Il a dans les registres de l'état civil de cette petite ville, dont on a bien voulu me donner communication, les prénoms de Jean-François, fils de François Lafeuillade, officier de santé, et de Anne Cazal ; les témoins étaient Toussaint Bouys et Barthélemy Granier. J'insiste sur ces détails pour que l'on voie bien qu'il s'agit d'un acte authentique, contredisant formellement l'opinion commune qui veut que Lafeuillade soit né à Montpellier. Ce qui a pu être l'origine de cette opinion, c'est que son père vint habiter dans notre ville, au Courreau, de très bonne heure, alors qu'il n'était qu'un tout petit enfant.

On ne sait de ses premières années que ce qui concerne ses débuts. C'était l'habitude, à cette époque, dans toutes nos provinces méridionales, de s'assembler le soir devant les portes pour y devisei, chanter, écouter les sérénades, alors fort nombreuses, et danser aux chansons.

Des mœurs naïves, une gaîté franche, l'amour aussi, rendaient ces soirées délicieuses. — Des réunions du même genre, mais d'infiniment plus d'attrait, avaient lieu au Peyrou : le Château-d'Eau servait de scène ; le ciel, les étoiles, les grands arbres, les immenses perspectives du lointain, de décors : quant aux spectateurs, ils s'asseyaient par groupes, mêlés de filles et de garçons, dans les allées et sur le gazon des jardinets, non encore entourés de grilles. C'était un rendez-vous d'amour, j'en conviens , tout autant qu'un spectacle ; mais, on n'eût pu le nier, la présence de la bien-aimée n'en avait pas moins le plus heureux résultat sur les efforts et les triomphes de chacun des jeunes virtuoses.

On chantait principalement à ce théâtre populaire, improvisé avec tant d'à-propos et de goût, nos vieilles chansons de la langue d'Oc, et surtout ces jolies et gracieuses romances de Bertrand, de Gaussinel, le poëte des grisettes, qu'un admirateur pieux de nos anciennes gloires se propose de rééditer, des frères Rigaud, de Tandon, de Martin, de Charles de Belleval, — *lous Regrets d'Estela*, *lous Roussignolets*, *l'Ourjolet coupat à la font,* etc., — qui ravissaient nos pères et qui sauraient encore nous ravir, si nos mœurs prétentieuses n'avaient tué ces charmants usages. Ce fut à cette école, et avec cette langue du peuple si douce, si tendre, si musicale enfin, que se forma Lafeuillade. Sa voix était pure, touchante: aussi fut-il bientôt l'un des chanteurs les plus applaudis Sa taille avantageuse et admirablement prise, sa beauté virile, qui avait quelque chose de l'Antinoüs, sa physionomie expressive, prévenaient en sa faveur; son chant achevait le charme.

Peut-être faut-il chercher dans ces premiers essais, ce qu'il y eut d'extrême dans les qualités et les défauts de son talent. La tendresse et l'esprit qu'exige notre idiome, répondent à ce côté sentimental de sa nature, qui le prédisposait, le prédestinait même, à l'Opéra-Comique plus encore qu'à toute autre scène. D'autre part, la nécessité de se faire entendre, en plein air, de toute une foule empressée, donnait à sa voix de la puissance et de la souplesse, et faisait naître cette facilité extraordinaire qui le caractérisa et qui lui permettait, à deux levers de rideau d'intervalle, d'étonner et de plaire, de passer du style sérieux au style léger, de chanter, par exemple, *Masaniello* et *Jean de Paris*, la *Muette* et le *Tableau parlant*.

Sa carrière militante commença en 1819. Pressé par des amateurs, des artistes de mérite, il se rendit à Paris et fut reçu au Conservatoire. Il avait alors vingt ans. Pendant les deux années qu'il y passa, compris parmi les bons élèves, quoiqu'il n'ait jamais été lauréat, il fit plusieurs apparitions en public. La première eut lieu à l'Opéra, le 12 juin 1820, d'après l'*Histoire de l'Académie impériale de musique* (t. II, p. 166), de Castil-Blaze, faite d'après des documents originaux.

L'opéra venait de quitter la salle de la rue Richelieu pour aller à la salle Favart. «Le théâtre Favart, dit notre chroniqueur humoriste, était beaucoup trop étroit; il fallait amoindrir la troupe chantante, dansante, sonnante, pour la faire manœuvrer sur une aussi petite scène. Il fallait choisir dans le répertoire les ouvrages qui n'exigeaient pas le déploiement de toutes les forces de notre Académie. Le *Devin du village*, le *Rossignol*, durent de nombreuses représentations à l'exiguïté de leur taille. Ces opérettes se glissèrent à côté des petits ballets. Le ténor Lafeuillade parut le même jour dans ces deux pièces et réussit complétement.»

La fortune, on le voit, lui fut dès le début très-favorable. A mon sens, elle le fut trop. Ce succès inespéré, ce succès prématuré, devait avoir un résultat extrêmement fâcheux: celui de hâter ses études. Toute sa vie d'artiste se ressentit de cette précipitation, de cette folle ardeur de la jeunesse qui ne connaît ni mesure, ni limite. Il y eut toujours dans son talent, en effet, quels que fussent ses efforts, quelque chose d'improvisé, dont il n'était pas le maître de faire disparaître ou de cacher les défauts. Par cela même, malgré des qualités éminentes et une nature richement douée, il n'arriva jamais à ce degré de perfection et de pureté qu'atteignirent Adolphe Nourrit et son père.

En quittant le Conservatoire (1821), il s'engagea, pour deux années, au théâtre de Rouen. Il n'avait guère pour tout bagage que les deux petits opéras déjà cités, et des fragments du *Joseph* de Méhul, l'un des chefs-d'œuvre de l'école française. Il réussit cependant si bien, que le bruit de son succès vint jusqu'au marquis de Lauriston, ministre de la maison du roi et surintendant des Beaux-Arts. Aussitôt, usant du pouvoir qu'il avait de prendre des sujets partout où il en trouvait, ce dernier fit rompre l'engagement existant et appela Lafeuillade à l'Opéra (1822), aux appointements de

10,000 francs par an, ce qui était une grosse somme pour l'époque.

Là il eut pour chef d'emploi, Louis Nourrit, alors au plus haut point de sa grandiose réputation, et peu après, l'héritier présomptif de la couronne lyrique, Adolphe Nourrit, qui avait fait ses premiers débuts cette année même. Lafeuillade m'a eu raconté qu'ils avaient reçu ensemble des leçons du célèbre Garcia. Il n'eut, ajoutait-il, qu'à se louer de ses deux compatriotes et chanta avec eux le répertoire en vogue, la *Vestale, Stratonice, OEdipe à Colone*. etc. Le 22 novembre 1821, dans le *Fernand Cortez*, opéra en trois actes, paroles de Jouy, musique de Spontini, il créa l'un des rôles des deux prisonniers ; l'autre. c'est tout dire, était représenté par Dabadie. Les principaux acteurs étaient Nourrit, Dérivis, Lays. Martin, etc. Je doute qu'aucune autre création ait jamais réuni autant de merveilleux talents.

Lafeuillade sentit pourtant que là n'était pas sa voie. Son tempérament était tendre, sensible, passionné même, mais n'avait rien de tragique... Son esprit s'accommodait mal du ton grave et un peu ennuyeux que Gluck avait mis à la mode.

Les styles, il est vrai, n'étaient pas encore bien séparés ; les maîtres chanteurs, Nourrit, Levasseur, Garcia, etc.. disaient aussi volontiers et aussi admirablement les *opere buffe* que les *opere serie*. Néanmoins, il y avait déjà des tendances assez définies, pour que chacun pût consulter ses goûts et préciser sa vocation. Le caractère de Lafeuillade, sa gaîté, sa bonne humeur, devaient se trouver plus à l'aise dans l'opéra-comique, tel qu'allaient le faire Boieldieu, Hérold et Auber, où le rire et la passion, l'esprit et l'observation, le naturel et la fantaisie, vont si parfaitement d'accord.

En outre, à cette époque, il se préparait dans le drame lyrique une transformation quasi-radicale qu'il n'aurait peut-être pu supporter. Tout le vieux répertoire, *Armide*, *Alceste*, *Orphée*, les *Iphigénie*, etc., était condamné à faire place aux grandes œuvres de Rossini et de Meyerbeer, la déclamation notée à la vocalisation. Parmi les grands pensionnaires de l'Opéra, beaucoup s'en effrayèrent. Dérivis, entre autres, ne voulut pas se soumettre à de nouvelles études, devenues indispensables, et quitta l'Opéra. Louis Nourrit lui-même, sentant qu'il représentait une théorie condamnée, demanda sa retraite.

Adolphe Nourrit fut le seul qui se soumit à cette transformation; il servit de lien entre le passé et l'avenir; il put être à volonté, chose admirable et qui n'est pas l'une des moindres preuves de son génie, le meilleur interprète de l'un et de l'autre répertoire, quoiqu'il y eût un abîme entre les idées et les procédés des deux systèmes musicaux.

En 1824, heureusement pour Lafeuillade, le sort lui fournit un moyen naturel d'échapper à ses antipathies, en même temps qu'à la terrible et dangereuse épreuve. L'Opéra-Comique venait de se reconstituer sous la direction d'une société d'acteurs analogue à celle qui administre la Comédie-Française, et ne possédait qu'un ténor d'élite, Ponchard, aussi célèbre par l'exquise délicatesse de sa voix que par ses profondes connaissances musicales. Mais cette voix, à cause même de sa suavité, manquait, pour certains rôles, de force et d'étendue ; il était à désirer, par conséquent, que quelqu'un ayant une voix douée à la fois de puissance et de souplesse pût le suppléer dans ce cas. La voix de Lafeuillade, répondant à cette double exigence, on se l'adjoignit, d'abord en qualité de sociétaire à demi-part, et peu après, vers 1825, à part entière. Il avait été convenu, en outre, par une faveur exceptionnelle, que les années qu'il avait passées à l'Opéra lui compteraient pour la pension à laquelle les artistes avaient droit après vingt ans de service.

On connaît de lui, pendant cette période la plus active de sa vie, un très-grand nombre de créations. Ainsi, le 4 novembre 1824, dans *Léocadie*, opéra en trois actes, paroles de Scribe et Mélesville, musique d'Auber, il créa le principal rôle. Don Carlos ; sa compatriote, Mme Pradher, l'étoile de cette génération, ayant le rôle de femme correspondant. — Le 22 décembre de la même année, dans les *Deux Mousquetaires,* opéra en 1 acte, paroles de Vial et Gensoul, musique de Berton, il créa le rôle de Forville, l'un des deux mousquetaires.

Le 12 août 1826, dans *Marie,* opéra en 3 actes, paroles de Planard, musique de Hérold son rôle d'Adolphe, le jeune officier, peut être cité comme ayant été sa plus importante création. Cette œuvre, il est bon de le dire, a toujours été fort estimée des connaisseurs et pourrait même être reprise avec avantage. La chansonnette, si gentiment dite par Mme Boulanger :

> Batelier, dit Lisette,
> Je voudrais passer l'eau,
> Mais je suis trop pauvrette
> Pour payer le bateau, etc.

est encore populaire. — La même année, le 28 novembre, Lafeuillade créa, dans *Fiorella*, opéra en 3 actes, paroles de Scribe, musique d'Auber, le rôle de Rodolphe : Mme Pradher remplissait encore le principal rôle de femme.

Le 22 novembre 1827, nous les retrouvons tous deux dans le *Colporteur*, paroles de Planard, musique d'Onslow, l'un avec le rôle d'Alexis, l'autre avec celui de Mina. — Enfin, le 24 mai 1825, Grétry ayant fait jouer son *Guillaume Tell*, Lafeuillade créa le rôle de Mechtal, qui répond, quant au type, à l'Arnould du grand opéra de ce nom. Il y avait plusieurs bons passages, notamment l'air :

O ma chère patrie ! etc.

et le morceau d'ensemble :

Je suis altéré de vengeance, etc.

Ce sont là les seules dates qu'il m'a été possible de recueillir, malgré toute la peine que je me suis donnée, et quoiqu'il soit à peu près certain pour moi que Lafeuillade a participé à un nombre bien plus grand de créations. Malheureusement, en province il est difficile de se procurer les documents nécessaires.

Grâce à l'aménité de son caractère, Lafeuillade devint bientôt l'élève et l'ami de Ponchard. Une anecdote qui m'est racontée par des personnes dignes de foi fera juger de leur commune affection. Lafeuillade était à dîner, un soir, chez Ponchard, avec quantité d'autres artistes de l'Opéra et de l'Opéra Comique. Très-amateur d'objets d'art, il remarqua un tableau qui lui plut à un tel point, qu'il s'en enthousiasma et demanda avec obstination qu'on voulût bien le lui donner. Ponchard fut inexorable et

le refusa Le lendemain, à son lever, Lafeuillade recevait le tableau avec ce billet : « Cher
ami, ne m'en veuille pas si je t'ai refusé le tableau tant sollicité hier; en te le refusant, j'ai
voulu me réserver le plaisir de te l'envoyer moimême J'espère que tu voudras bien l'accepter
comme gage de notre inaltérable amitié. »

Ponchard lui donna une preuve plus grande
de cette amitié, en 1828, lorsque Carafa fit jouer
son *Masaniello* Le sujet, comme chacun sait,
est à peu de chose près celui de la *Muette de
Portici* : il y a dans cette œuvre des phrases et
des récitatifs de grand effet, qui exigent beaucoup de force et beaucoup d'énergie. Aussi, après
la 3° représentation, Ponchard se sentant écrasé,
écrivit une lettre *à son élève et camarade*, lui
disant: « que l'auteur avait pensé à lui, Lafeuillade, plutôt qu'à tout autre en écrivant cette
partition ; qu'il le priait donc de vouloir s'en
charger, et qu'il l'attendait le soir même pour
lui donner la première leçon. »

Lafeuillade consentit, et obtint, dès le premier
soir, par sa vigueur et sa passion, un succès
éclatant. J'ai vu des livrets de cette époque où
il est désigné comme ayant été le créateur du rôle.
C'est qu'en effet ce rôle était à sa taille et pour
sa voix. Il se dramatise plus encore qu'il ne se
chante. Lorsqu'àprès avoir dit l'air :

> Si d'un pêcheur napolitain,
> Le ciel voulait faire un monarque, etc.

qui se traine et se balance avec de nonchalantes
allures de barcarolle, Masaniello ajoutait ces
paroles amères, si pleines de souffrances cachées et de lassitude :

> Je vois mes maux d'un œil serein,
> Et si mon âme est attendrie,
> C'est quand je pense à ma patrie;
> Mais qu'au nom d'un droit inhumain,

> Que des cohortes étrangères,
> Ne privent pas d'un peu de pain
> Des malheureux qui sont mes frères!...

sa voix s'élevait peu à peu, fiére, hautaine, menaçante et faisait frissonner.

Tous les contemporains sont d'accord sur ce point que Lafeuillade était un admirable comédien. C'était une tradition de l'ancien opéra, qu'il avait acquise auprès de Louis Nourrit. Sa déclamation était vive, intelligente, son jeu naturel, sa parole alerte et passant facilement par tous les accents de la tendresse, de la haine et de l'émotion. Ceux qui l'ont vu dans *Masaniello*, le *Maçon*, *Jean de Paris*, la *Dame Blanche*, etc., ne tarissent pas d'éloges et d'impressions encore vives Il tenait compte des moindres nécessités de costume, de geste, de l'attitude et de la perspective théâtrales. Il aimait la causerie, et la menait avec cet à-propos, cette grâce de bon ton et cette courtoisie spirituelle qui vont de plus en plus se perdant. Hélas ! on ne sait plus rire ; si cela continue, on ne saura bientôt plus ni causer ni chanter.

Lafeuillade quitta l'Opéra-Comique en 1829, par suite de l'engagement qu'il venait de prendre avec le théâtre de Bruxelles, alors la seconde scène lyrique française. Les appointements devaient être de 24,000 francs par an, plus une pension de 3,000 francs qui lui serait acquise après dix ans de service. Devenu chef d'emploi, à son tour, il allait aborder en province, dans des conditions favorables, l'épreuve de ce nouveau répertoire qui aurait pu lui être si fatal à Paris.

Là se place l'incident le plus remarquable de sa vie. S'il n'en fut pas l'auteur, non plus que

Scribe ou Auber, il en fut du moins la cause
indirecte. Je veux parler de la révolution de
Belgique, en août 1830). Les journées de juillet
avaient eu en Europe un immense retentisse-
ment ; à Bruxelles, leur contre-coup fit naître
des journées semblables, qui délivrèrent les
Belges du joug des Hollandais. L'union des
deux peuples n'était que factice, et il suffi-
sait d'un prétexte pour la rompre. Ce prétexte,
ce fut un chant de Lafeuillade. Nouveau Tyrtée,
sa voix fut un moment celle de tout un peuple.

On jouait la *Muette de Portici*. Le célèbre duo
fut enlevé avec une telle vigueur, que la foule,
debout et frémissante, l'acclama avec un enthou-
siasme indicible et le fit répéter. A la sortie du
théâtre, au lieu de se disperser, elle se mit à
parcourir les rues, chantant, en un chœur for-
midable, les paroles qu'elle venait d'entendre
et qui répondaient si bien à sa propre pensée.
La troupe ayant voulu résister, une lutte s'en-
suivit et la révolution commença. Lafeuillade
prit part aux premiers combats, en qualité de
capitaine d'une compagnie bourgeoise, et assista
à cette bataille de Berckhem, où son camarade
Jenneval, l'auteur de la *Brabançonne*, eut la tête
emportée par un boulet.

Son engagement se trouvant ainsi rompu de
fait, Lafeuillade retourna à Paris, où il donna
trois dernières représentations à l'Opéra-
Comique, sous la direction Laurent.

Le choléra de 1831 ayant rendu la capitale
inhabitable, il parcourut la province avec Valery
et Mme Boulanger, la piquante et gentille sou-
brette. Leur voyage fut une marche triomphale
(1831). Il leur rapporta, car c'est toujours là
qu'il faut en venir, d'énormes bénéfices, puis-

que, tous frais payés, la part de chacun d'eux trois fut de 20 000 francs. Montpellier lui fit, à son passage, une réception magnifique : nos pères firent leur idole de celui qu'ils se souvenaient avoir connu et applaudi tout enfant, soit au Peyrou, soit dans les sérénades. Il était alors à l'apogée de sa réputation ; Abel Hugo (*France pittoresque*, 1833, t. II, page 73) le place, avec M.me Pradher, dans la liste des personnes célèbres du département.

A son passage à Agen, et après une représentation du *Rossignol*, Jasmin lui adressa ce joli impromptu, que nous retrouvons dans le *Courrier du Midi* (21 décembre 1847):

A LAFEILLADO

Abian perdut lou rossignol,
Lou crezian mort de la gelado.
Oh ! mais n'en siosques pas en dol ;
Per mai cantà, lou faribol
S'es rescondut dins *la feillado*.

Il avait acheté, depuis quelque temps, non loin du pont Juvénal, au tènement de *Costabella*, dans une situation charmante, puisque de la hauteur on découvre, en un vaste panorama, la ville, le Lez et la plus grande partie de la banlieue, une maison de campagne qu'il fit agrandir, embellir, et qu'il destinait à être le repos de ses vieux jours. Ce fut là qu'il vint se reposer des fatigues de ce tour de France. Mais bientôt, sollicité par les plus grandes scènes de province, il opta pour Toulouse, et y créa successivement *Robert le Diable*, *la Juive*, *les Huguenots*, etc. La fortune, qui avait abandonné ce grand théâtre, y revint avec lui, si bien, qu'à la fin de la campagne, les directeurs, MM. Duval et Jolly, avaient réalisé un bénéfice de 40.000 francs. Par reconnaissance, ils en offrirent la moitié à Lafeuillade; il n'accepta qu'à cette condition que sa part serait placée dans leur entreprise.

Ce fut sous ces heureux auspices qu'il entra dans cette double carrière de directeur et d'acteur, qui va, pour lui, de 1832 à 1844. Un accident terrible faillit l'arrêter dès le commencement. Se trouvant à Montpellier, en 1837, et allant à la campagne, son cheval prit le mors aux dents, le renversa et les deux roues de la voiture lui broyèrent la cheville droite. Rétabli par les soins du fameux professeur Serres, il put reprendre, quoique sa blessure le fit parfois souffrir, son double rôle de ténor et d'administrateur, à Rouen de 1838 à 1840 ; à Nantes en 1841 ; à Montpellier de 1842 à 1844. D'après nos archives, le privilége était au nom de Chabrillat, son associé; mais il figure dans la liste du personnel, comme directeur de la scène et comme ténor en tout genre.

Il cessa de chanter en 1844 ; il conserva néanmoins, pendant vingt autres années, la direction successive des grands théâtres de Toulouse, Bordeaux, Marseille, apportant partout les précieux avantages de son expérience et de son initiative.

Lorsqu'il renonça définitivement au théâtre, en 1864, il vint se fixer à Montpellier. Retiré dans sa solitude de *Costabella*, au milieu des livres et des objets d'art qu'il y avait réunis, il y jouissait de l'estime et de l'affection de ses concitoyens. Il se rappelait volontiers les tempêtes passées et en causait avec enjoûment. Soit qu'il s'entretînt de l'histoire des transformations du drame et de la comédie lyriques, soit qu'il fît allusion aux événements de sa vie aventureuse et un peu tourmentée, il ne finissait pas de souvenirs, de traits, de réflexions.

J'ai souvent pu juger par moi-même, quoique je fusse bien jeune alors que je le connus pour la première fois, de la finesse de son esprit, de l'aménité de ses manières et de l'attrait de sa conversation.

Sa mort arriva subitement, sans que rien pût la faire prévoir, en revenant de veiller chez l'un de ses amis, le 9 mai dernier. — Il était dans sa 73ᵉ année, et avait été marié deux fois, en premières noces à Mlle d'Espinasse, en secondes à Mme veuve Duval.

Par un hasard remarquable, tous ceux de nos jeunes compatriotes qui ont à cette heure de la réputation : Aubert, Cabanes, Lauton-Mazurini, Fornt, Melchissedech, Trinquier, Martin, Joly, etc., se trouvèrent réunis à ses funérailles. Gueymard, en représentation à Montpellier, conduisait le deuil.

Lafeuillade a appartenu pendant dix ans à l'Opéra et à l'Opéra-Comique ; il n'y eut, je le sais, qu'un rang secondaire ; mais quand les chefs d'emploi se nomment Louis Nourrit, Adolphe Nourrit, Ponchard, ce rang secondaire ne manque ni de grandeur ni degloire. N'y eût-il, d'ailleurs, dans sa vie que l'épisode de Bruxelles, qu'il suffirait et amplement, pour que son nom appartînt à l'histoire. Il a été pendant quelques heures, un instant peut-être, la voix d'un peuple, c'est assez pour que sa mémoire soit sauvée de l'oubli.

Il reste de Lafeuillade un buste, par Dantan, qui le représente à l'époque de ses succès dans toute la force de la jeunesse, la beauté et l'exubérance de sa riche nature. Il serait à désirer que ce buste fût donné au Musée de la ville, qui seul peut en assurer la conservation et le sens.

Montpellier. — Typogr. Boehm et Fils.